アインシュタインの言葉

EINSTEIN'S VOICE

エッセンシャル版

弓場 隆 訳

Discover
ディスカヴァー

はじめに

アルバート・アインシュタインは、20世紀でもっとも優れた科学者として知られています。アインシュタインは、さまざまなときに、さまざまなところで、さまざまな発言を残しています。

そのいずれもが、20世紀最大の天才でありながら、きわめて常識的で、良識的で、そして、謙虚で、ウィットに富んでいて、ごく当たり前のことなのに、彼が言うと、納得してしまうのです。

励まされて、勇気が湧いてくるのです。

大天才なのに、なぜだか愛らしくって、身近に感じてしまうのです。

実際その豊かな人間性は、多くの著名人や身近な人によるアインシュタインへの人物評からもうかがうことができます。いくつかご紹介しましょう。

教授は決して靴下を履きません。フランクリン・ルーズベルト氏からホワイトハウスに招待されたときも、靴下を履いていませんでした。

——ヘレン・デュカス（アインシュタインの秘書）

わたしから見た彼（アインシュタイン）は、人間関係を大切にし、わたしに純粋な興味と理解を示してくれた人物です。

——タゴール（インドの詩人、ノーベル文学賞受賞）

彼（アインシュタイン）は偉大な学者でしたが、多くの価値観がゆらぐ時代に人間の良心を支える柱となる人物でもありました。

——パブロ・カザルス（スペイン生まれのチェロ奏者）

人々がわたし（チャップリン）を応援してくれるのは、わたしが誰にとっても理解しやすいからです。人々があなた（アインシュタイン）を応援しているのは、あなたが誰にとっても理解できないからです。

——チャールズ・チャップリン

神は彼（アインシュタイン）の中に美しさをたくさん注入しました。実際、すばらしい人物です。しかし、いっしょに暮らしていると、ひどく疲れますし、あらゆる点で困難を感じます。

――二番目の妻エルザ・アインシュタイン

彼（アインシュタイン）は陽気で、自信にあふれ、礼儀正しい人物です。わたしの物理学に対する理解と同じくらい、心理学を理解していたようですから、話がはずみました。

――ジグムント・フロイト

彼（アインシュタイン）はわれわれの時代で最も偉大な科学者であり、邪悪や虚偽とはいっさい妥協せずに真理を追求した人物です。

――ジャワハルネラ・ネール（インドの首相）

世界観を変えたという点で、ニュートンとダーウィンに匹敵する影響力を与えたのはアインシュタインだけだ。

――ニューヨーク・タイムズ紙

アインシュタインは、数学や物理学だけではなく、人生そのものに飽くなき好奇心を持ち、その個性、ユーモアのセンスによっても愛されていました。その彼の言葉を読むことで、新たにユニークな視点を持つことができるでしょう。

本書は２００６年3月に刊行した『アインシュタインにきいてみよう』に新たに言葉を加え、装いも新たに、文庫版として再編集いたしました。

お手元に、いつも置いていただければ幸いです。

CONTENTS

I

生き方について

001

生き方には二通りしかありません。

奇跡はどこにもないという生き方と、すべてが奇跡だという生き方です。

—

002

わたしたちは過去から学び、今日のために生き、未来に希望を持たなければなりません。

生き方について

—

003

知的な馬鹿は、物事を複雑にする傾向があります。

それとは反対の方向に進むためには、少しの才能と多くの勇気が必要です。

成功の秘訣は、よく働き、よく遊び、無駄口を慎むことです。

—

005

特殊な知識を身につけることより、主体的に考えて判断する能力を養うほうがはるかに重要だと思います。

006

物心両面において質素で気取らない生活が、誰にとっても望ましいと思います。

—

007

人生に意味を与える唯一のものは、労働です。

008

仕事は人生に実体を与える唯一のものです。所詮、わたしたちの目標は石鹸の泡のようなものにすぎません。わたしたちはみんなサルから進化した二本足の動物なのです。

009

人生で最も大切なものは、お金では手に入りません。

生き方について

—

010

残念ながら、利己主義と競争心は公共心と義務感よりも強い力を持っています。

生き方について

—

011

どれほど仕事に打ち込んで富を築いたところで、人類を前進させるのには役立ちません。モーゼやキリストやガンジーがお金をいっぱい持って、いろんなモノを買いあさっている姿を想像できますか？

—

012

物質的充足を満足させようとする気持ちをできるだけ取り除いてはじめて、有意義で調和のとれた人生を送ることができます。

わたしたちが目標にすべきことは、社会の精神的価値を高めることです。

生き方について

—

013

成功者になろうとするのではなく、価値のある人間になるよう努めるべきです。

014

本当に価値のあるものは野心や義務感からではなく、人間に対する愛情や献身から生まれます。

015

自分が他の人たちのために存在していることは、深く考えなくても
日常の生活でわかっていることです。

生き方について

—

016

同じことを繰り返しておきながら、異なる結果を期待するとは、きっと頭がどうかしているのでしょう。

生き方について

—

017

わたしたちがこの世の中ですることはすべて、原因と結果の法則に支配されています。

しかし幸いにして、わたしたちはそれがどういうものかを知りません。

生き方について

—

018

自分をより客観的に眺めれば、もっとほかに心配すべきことがあるのではないかと思うようになるはずです。

—

019

自分で経験することほど何かを上手に学ぶ方法はありません。

020

知識は、たゆまぬ努力によって絶えず刷新されなければなりません。
それはちょうど砂漠に立つ大理石の像のようなものです。
太陽の光の下で輝き続けるためには、像をつねに磨き続けなければなりません。

—

021

知識には二種類あります。本に収録されている躍動感のない知識と、人々の意識にある躍動感のある知識です。

不可欠なのは後者です。

前者はたしかにたいへん重要ですが、第二義的なものにすぎません。

生き方について

—

022

知識に基づかない信念は迷信にすぎず、したがって排除すべきです。

小さい問題をなおざりにする人に、大きい問題を任せることはできません。

生き方について

—

024

偉大な精神の持ち主が勇気を出して知性を発揮したところで、平凡な精神の持ち主には、それが理解できません。

025

他人に正しく立派なアドバイスをすることは簡単だが、自分が正しく立派に行動することは難しいという格言には多大な真理が含まれています。

生き方について

026

人を動かす唯一の方法は、みずから模範を示すことです。

027

空腹、愛情、苦痛、恐怖は、わたしたちの自己保存の本能を支配する内面の力の一部です。

しかし同時に、わたしたちは社会的存在であり、共感や誇り、憎しみ、権力欲、哀れみなどによって、他の人たちと関わっています。

それらの衝動は言葉で簡単に表現することはできませんが、人間の行動の源泉です。

もしそれらの強い力がなければ、わたしたちの行動は停止してしまうことでしょう。

028

人間は馬を愛するように車を愛することはできません。

馬は車と違って、わたしたちの内面の人間らしい感情を引き出すからです。

029

人が社会にとってどれほど価値があるかは、その人の感情と思考と行動がどれほど人々の役に立つかによって決まります。

異性に心を奪われるのは必要であり楽しいことですが、それが人生の主な目的のひとつであってはいけません。

そんなことをしていると、人は自分を見失ってしまいます。

—

031

年をとって弱りきっている人にとって、死は救済になります。
自分がすっかり年老いて死を返済すべき借金のように思うように
なった今、わたしはそれを痛切に感じています。

相手の喜びと悲しみを感じ取ってはじめて他人への理解が深まります。

—

033

人の真の価値は、受け取るとることではなく、与えることにあります。

034

わたしの行く手を照らし、前向きに人生に立ち向かう勇気を与えてくれたのは、親切心と美と真理でした。

生き方について

—

035

わたしたちが世の中に最も貢献する方法は、人々に有意義な仕事を提供し、その人たちの生活を間接的に支援することです。

036

わたしたちは、人々に奉仕するために最善を尽くさなければなりません。
それこそが人間としての尊い責務です。

生き方について

—

037

人々のためにに生きることだけが、価値のある生き方です。

II

科学、そして、神秘について

038

科学とは、すばらしいものです。
それで生計を立てようとしないかぎり。

039

科学の発見のプロセスは、不思議に思ったことを絶えず突き詰めていくことです。

気象上の出来事を正確に予知することは不可能です。

しかし、それは、多様な要素が組み合わさっているからであって、

自然界に秩序がないからではありません。

科学、そして、神秘について

—

041

科学の研究は、世の中で起こるあらゆることは自然の法則によって決定されるという考え方に基づいています。

それは人間の行動にもあてはまります。それゆえに科学者は、超自然的な存在に祈ることによって物事が影響されるとは信じていません。

なぜ科学は、生活を楽にしたにもかかわらず、人々をあまり幸せにしなかったのでしょうか？

簡単に答えるなら、わたしたちが科学を有効に利用する方法を学んでこなかったからです。

043

現代人のモラルが恐ろしく荒廃している原因は、生活が機械化して人間性を失っているからだと思います。

それは科学技術の悲惨な副産物です。

044

世の中をよくするために大切なのは、科学的知識を身につけること
ではなく、伝統と理想を追求することです。

—

045

ある高い水準に到達すると、科学と芸術は、美的にも形式的にも融合する傾向があります。

したがって、超一流の科学者はつねに芸術家でもあります。

板を手にとって、そのいちばん薄くて穴をあけやすい場所にたくさんの穴をあける科学者たちには我慢なりません。

—

047

物理学の価値を信じるわたしのような人間は、過去・現在・未来の区別が永続的な幻想にすぎないことを知っています。

現実なんて幻想にすぎないのですが、とても永続性があるのです。

048

人が芸術と科学を探求しようとする最も強い動機のひとつは、日常生活の単調さと軽薄さから脱出して、自分の創り出すイメージの世界に逃避したいと願うことです。

科学、そして、神秘について

049

あらゆる宗教、芸術、科学は、同じ木の異なる枝です。

いずれも、人間を単なる肉体的存在から引き上げ、その生き方を高貴なものにし、個人を自由へと導くことを目的にしています。

―
050

解決策がシンプルなときは、神が答えている証しです。

わたしは自然については少しだけ知っていますが、人間については
ほとんど何も知りません。

—

052

自然を深く深く見つめてください。
そうすれば、すべてのことがよりよく理解できるようになります。

私はふたつのことに畏敬の念を抱いています。
満天の空と自分の中にある宇宙です。

054

自分が生まれた自然界の偉大な神秘を前にし、永遠や生命、宇宙について思いを馳せるとき、誰もがそこに畏敬の念を感じないではいられません。

毎日、この神秘を少しずつ理解しようとするだけで好奇心が満たされるのです。

人間は海のようなものです。ときには穏やかで友好的ですが、ときには荒れ狂って敵対的になります。

重要なのは、人間も海もほとんどが水でできているということです。

056

太陽が沈むときはとくにそうですが、海は果てしない広さを持っているように見えます。まるで自分が溶けて自然と一体化するようです。そんなときわたしはいつもより人間がちっぽけな存在だと思えて幸せな気分に浸ります。

すべてのものは、わたしたちにはコントロールできない力に支配されています。

それは、星にとっても虫にとっても同じことです。

人間も植物も宇宙の塵もすべて、はるかかなたの演奏者の奏でる神秘的な調べに合わせて踊っているのです。

058

わたしたちには理解できないものが存在し、それが最高の知恵と美として具現しているということ、人間の乏しい能力をもってしては、はっきりとは知覚できないものがあるのを知っていること、

——それが真の宗教心の核心です。

そういう意味では、わたしは非常に信心深い人間です。

人生の意義についての疑問に答えるのが宗教の役割です。

060

人類にとっては、ブッダやモーゼやイエスのような人たちの功績のほうが、科学を探求した人たちの業績よりもずっと大きな意味があります。

人類が人間としての尊厳を守り、生存を確保し、生きることの喜びを維持し続けたいなら、これらの偉人たちがわたしたちに与えてくれたものを全力で守り続けなければなりません。

III

独創性について

独創性について

190

独創性の秘訣は、自分がどこからそのアイデアを思いついたかを隠しておくことです。

062

本当に斬新なアイデアを思いつくのは若いときだけです。
その後は経験を積み、有名になって、ついには馬鹿になります。

一見して馬鹿げていないアイデアは見込みがない。

独創性について

064

わたしたちの行動は、他の高等動物の行動とはあまりにもかけ離れているように見えますが、基本的な本能は人間も動物もたいへんよく似ています。

最大の違いは、人間が強い想像力を持っていて、言葉の助けを借りて思考するということです。

独創性について

—

065

発明は論理的思考の産物ではありませんが、最終製品は論理的構築の賜物です。

独創性について

066

新聞しか読まず、流行作家の本しか読まない人は、わたしからすると、眼鏡をバカにするド近眼の人のように見えます。そういう人は当世の偏見と流行に完全に依存しています。それ以外のものは見ることも聞くこともまったくしないからです。

独創性について

067

わたしにとって空想する才能は、知識を身につける才能よりずっと大きな意味があります。

独創性について

068

わたしたちが享受している物質的・精神的な恩恵は、ひとえに過去の無数の独創的な人たちによるものです。たとえば、火を発見した人、食べることのできる植物をはじめて栽培した人、蒸気機関を発明した人たち……。

他の人とは違うことを考える独創的な人がいなければ、社会は発展しません。言い換えれば、人々の個性を伸ばさなければ、社会は進歩しないということです。

IV

学校教育について

069

知恵は学校教育の産物ではなく、それを得ようとする生涯にわたる
努力の産物です。

—

070

わたしは学生に教えません。
彼らが学ぶ環境を提供するために努力するだけです。

教育の唯一の目的は思考と知識を磨くことであり、学校は人々の教育のための組織としてその目的をしっかり果たさなければなりません。

学校教育について

—

072

教養とは、学校で学んだことをすべて忘れた後に残るもののことです。

073

教育者の最高の技術とは、若者に創造的表現と知識の喜びを発見させることです。

074

ほとんどの教師は、生徒が何を知らないかを発見するための質問をします。

しかし、それは時間の無駄です。

本当の質問の技術とは、生徒が何を知っているか、何を知ることができるかを発見することです。

075

学ぶこと、そして一般的に、真実と美を追求することは、わたしたちが一生涯子どもでいることを許されている活動範囲である。

—

076

生徒の遊びへの情熱をかきたて、認められたいという欲求を高め、社会の重要な役割に導くことが教育の課題です。

そのためには、教師がみずから、自分の専門分野で一種の芸術家になることが求められます。

わたしに言わせれば、最悪なのは学校が見せかけの権威で恐怖心をあおって無理やり何かを教え込むことです。

それに対し、学生の尊敬の唯一の源泉が教師の人間的で知的な資質であるなら、教師の権力とできるだけ少ない強引な手法を利用してもいいと思います。

078

わたしたちにとって、事実を学ぶことはそれほど重要ではありません。その目的を果たすだけなら本から学ぶことができますから、大学などいりません。

大学における一般教養の価値は、多くの事実を学ぶことではなく、教科書から学べないものについて考えるよう頭を鍛えることにあります。

学校教育について

—

079

勉強というものを、義務ではなく、生活にうるおいを与え、将来、社会に出たときに恩恵をもたらす事柄を学ぶすばらしい機会だと考えましょう。

学校では歴史は帝国主義の大国の理想と軍事的成功を教え込む手段ではなく、文明の発展を解釈する手段として教えられるのがいいと思います。

そうすれば、地理と同じように歴史でも多種多様な民族や国民の特性に対する理解が促進されるようになります。しかも、その理解の対象は、「原始的」とか「後進的」というレッテルを貼られている民族や国民が含まれているべきです。

人に専門技能を教えるだけでは不十分です。その人はそれを通じて役に立つ機械のようになるかもしれませんが、調和のとれた人格を獲得することはできません。

学生は価値観に対する理解力を得ることが不可欠です。美しいものと道徳的に正しいことに対する優れた感覚を養わなければなりません。

そうしなければ、専門知識を持っているだけで、調和のとれた人格を持つ人間というよりよく調教された犬のようになってしまいかねません。

082

若者には、通常の成功を人生の第一の目的とすることを教えるべきではありません。

学業と労働の最も重要な動機は、学んだり働いたりすることそのものの喜びと、その結果として社会に貢献できるという期待感でなければなりません。

教育者の最も重要な課題は、若者を励まして、そういう意識を持たせることです。

083

学校は、伝統という財産を次世代に伝える最も重要な手段です。

そしてそれは、昔より今のほうがはるかに大切になっています。

というのは、現代社会では、伝統と教育の担い手としての家族の役割が弱くなってきているからです。

したがって、わたしたちの社会が健全に維持されるためには、学校の役割が昔に比べてますます大きくなっています。

084

未来の担い手である諸君が今、学校で学んでいるのは、世界中の国々の何世代もの人たちが、熱心に努力して生み出した仕事の成果です。
そのことを忘れないでください。

諸君がそのすばらしい成果を手にするのは、それに磨きをかけ、いつか次世代に手渡すためなのです。

各世代で共有できる遺産を創造することによって、人類は永遠に存続することができます。
そのことを忘れないでください。

そうすれば、人生と仕事に意義を見いだし、他の国や時代に対して適切な態度をとることができます。

V

戦争と平和について

—
085

わたしに言わせれば、戦争で人を殺すことは、通常の状況で殺人を犯すこととなんら変わりません。

—
086

暴力は障害物を一掃したかもしれませんが、けっしてクリエイティブなやり方ではありません。

戦争と平和について

087

わたしが戦争に反対するのは、直感的な感情によるものです。

わたしは人間を殺すことがたまらなくいやなのです。

わたしのそうした姿勢は論理的なものではなく、あらゆる残虐行為と憎悪に対する直感的な反発によるものです。

088

わたしの意見では、ナショナリズムとは軍国主義と侵略行為を美化したものにすぎません。

戦争と平和について

089

集団生活の中で最悪なのは軍隊です。

わたしは軍隊という制度を忌み嫌っています。

男たちが四列縦隊を組んで吹奏楽に合わせて行進することに喜びを感じるなんて、わたしにとってはおぞましいかぎりです。

これは文明の恥部であり、一刻も早く廃止すべきです。

もし世界中の労働者が武器を製造し輸送しないと決意すれば、戦争を永遠に終わらせることができます。わたしたちはそれをしなければなりません。

戦争の源泉である武器工場を閉鎖するために命がけで努力しましょう。

たとえ軍人全体の2パーセントでも不戦の決意を公言すれば、政府は無力になります。

しかも、政府はまさかそんなに大勢の人を刑務所に入れるようなことはしないでしょう。

—

092

戦争のために払う多大な犠牲を、わたしたちは平和のためにも投じる必要があります。

わたしにとって、それ以上に重要な課題はありません。

093

わたしは以前と同じように熱心な平和主義者です。

しかし、ヨーロッパで兵役拒否をふたたび提唱するためには、攻撃的な独裁政権が民主主義国家に脅威を及ぼさなくなることが絶対条件です。

1920年代には独裁政権は存在していなかったので、わたしは、「兵役を拒否すれば戦争を回避できる」と提言しました。

しかし、いくつかの国に威圧的な状況が現れたとき、もし多くの人が兵役を拒否すれば、攻撃的な国がそうでない国より優位に立つことを直感しました。

（1941年12月30日、ニューヨークタイムズ紙のインタビューより）

094

偉大な文化を持つ小国が、正義を侮蔑する勢力によって破壊されるのをじっと見ているのは、大国にふさわしい態度ではありません。

戦争と平和について

095

わたしは熱心な平和主義者ですが、がちがちの平和主義者ではありません。

つまり、どのような状況でも武力の行使に反対ですが、生命の破壊そのものを目的に行動する敵に直面したときは例外と考えています。

096

わたしは平和主義者であるだけでなく軍国的な平和主義者ですから、平和のためなら喜んで戦うつもりです。

戦争という自分にとって不本意な状況に苦しむより、平和という自分の信念のために死ぬほうがいいではありませんか。

—

097

わたしはガンジーの見解にほぼ全面的に賛成です。

しかし、もし自分や自分の家族を殺したり、生活をおびやかしたりする動きがあれば、暴力に訴えてでも抵抗するつもりです。

098

原爆製造に関してわたしが果たした役割は、ルーズベルト大統領に原爆製造の可能性を調べる大規模実験の必要性を訴える書簡に署名したことです。

わたしは、もしこの試みが成功したら人類に大きな危険が迫ることを十分に認識していました。

しかし、ドイツが原爆製造に取り組んでいて成功する可能性があることを知り、ついに踏み切ったのです。

わたしは徹底した平和主義者でしたが、それ以外に打つ手はありませんでした。

—

099

原子力エネルギーの開発を通じて、わたしたちの世代は火の発見以来の最も革命的な力を世界にもたらしました。

原子力エネルギーは宇宙の根源的な力であり、時代遅れの偏狭なナショナリズムには適合しません。

その理由は、原子力エネルギーの暴発から人類を守るすべはないからです。

世界中の人々の理解を深める以外に原子力をコントロールする方法はありません。

わたしたち科学者は、原子力エネルギーに対する人々の理解と社会への応用を促進する重大な責任を担っていることを認識すべきです。

そうすることによってのみ、わたしたちの安全と希望が実現できます。

死ぬためではなく生きるために行動するのが、わたしたちのあるべき姿です。

戦争と平和について

—

101

わたしたち科学者は、人類を皆殺しにする方法をさらに陰惨で効果的なものにするという悲劇的な運命を背負ってしまいました。

したがって、残虐な目的のためにその兵器が使われるのを全力で阻止することは、自分たちに課せられた絶対的な義務だと考えています。

戦争と平和について

102

原子力エネルギーが普及したから新しい問題が生じたのではありません。

原子力エネルギーが普及したために、既存の問題を解決することがますます緊急の課題になっただけです。

戦争と平和について

―

103

文化の価値を大切にする人は、
間違いなく平和主義者です。

104

暴力によって平和を実現することはできません。
平和は相互理解によってのみ実現できるのです。

人々の良心と良識がめざめ、戦争が先祖の異常な行動として認識される新しい時代が到来することを祈っています。

VI

国家、そして、ユダヤ人であることについて

国家、そして、ユダヤ人であることについて

106

人々の偏見とは違う意見を冷静に表現できる人はごくわずかです。
ほとんどの人は、そのような意見を持つことすらできません。

107

誰もが世論の形成に関わっていますから、何が必要なのかをしっかり理解し、それを発表する勇気を持たなければなりません。

108

言論の自由を守るには、法律だけでは不十分です。人々が処罰されることなく自分の見解を述べるためには、万人が寛容の精神を持たなければなりません。

国際社会の秩序をおびやかす最大の障害は、恐ろしいほど誇張されたナショナリズムです。

それは一種の小児病で、人類が患うはしかのようなものです。

そしてそれは、愛国心という耳触りのいい名前でまかり通っているのです。

もしわたしの相対性原理の正しさが証明されたなら、ドイツはわたしをドイツ人だと主張し、フランスはわたしを世界市民だと宣言することでしょう。

III
国家、そして、ユダヤ人であることについて

国家の主な義務は、個人を保護し、創造性を伸ばす機会を与えることです。

どんな政府もある程度は邪悪なものです。

国家、そして、ユダヤ人であることについて

―
113

世界秩序に対する最大の障壁は、過剰に誇張されたナショナリズムと耳ざわりはいいが間違った愛国主義です。

もしできることなら、わたしは自由・平等・博愛の三つが法律できちんと保障されている国で暮らしたいと思います。

115

社会が健全に機能するためには、それを構成する人たちが一致団結するだけでなく、ひとりひとりが自立することが必要です。

116

わたしにとっては政治より方程式のほうが重要です。
政治は現在のことにほぼかぎられますが、方程式は永遠ですから。

117

昨今の民主政府の時代では、国家の命運は民衆にかかっています。
すべての人はそれを肝に銘じなければなりません。

118

昨今の社会的・政治的な諸問題の原因を資本主義に求めるのは間違いです。

自分の国家を誇りに思い、自分を尊敬してはじめて他の人たちの尊敬を得ることができます。

すべての人は人間として尊敬されるべきですが、特定の人を偶像化してはいけません。

原始社会を比較した人類学の研究によると、人間の社会的行動は、文化や組織によって大きく異なることがわかっています。

ということは、人類は、その生物学的構造がゆえにみずから残虐な行為でお互いを絶滅させる運命にあるわけではないということです。

人類の運命を切り開くべく努力している人たちにとって、これは朗報です。

もしわたしがイスラエルの大統領になったりすれば、国民が聞きたくないことを言わねばならなくなるんだよ。

(イスラエルの大統領就任要請を断った理由について、義理の娘マーゴットに語った言葉)

—

122

もしユダヤ教から預言者たちを排除し、イエス・キリストが教えた本来のキリスト教から弟子たちの教えを排除するなら、人類のすべての社会問題を解決できる教えが残るでしょう。

わたしは、自分がユダヤ人のひとりであることに幸せを感じていますが、ユダヤ人が神から選ばれた民族であるとは思いません。

124

わたしは国籍にこだわらない国際人であるという信念を持って生きていますが、迫害され抑圧されたユダヤ人の同胞を支援する義務はつねに感じています。

国家、そして、ユダヤ人であることについて

125

結局、ユダヤ人であることは、まず、聖書に書かれている人間らしさの基本要素を認識し、実践することを意味します。

その基本要素は、健全で幸せな社会を築くために不可欠なものばかりです。

国家、そして、ユダヤ人であることについて

126

ユダヤ人は民族としては非力かもしれませんが、ひとりひとりのユダヤ人の業績を合わせるとめざましいものがあります。

しかもそれは、障害に直面しながら成し遂げられた業績なのです。

国家、そして、ユダヤ人であることについて

—

127

人類がもっと精神的に進化すれば、信仰心は生と死に対する恐怖や盲信ではなく合理的な知識の希求にもとづくことになります。

そういう意味で、崇高な教育的使命をまっとうしたいなら、聖職者は教師にならなければならないとわたしは確信しています。

VII

結婚、そして、家族について

128

結婚に際して、女性は男性が変わることを期待していますが、男性は女性が変わらないことを期待しています。

両者が失望するのは当然です。

129

異教徒どうしの結婚は危険です。
いや、よく考えれば、どんな結婚でも危険です。

130

結婚すると、相手を自由な人間としてではなく、一種の所有物として扱うことになりかねません。

女性は家の中にいると、家具のことをいつも気にかけます。

いっしょに旅に出ると、彼女はわたしを家具だと勘違いし、わたしを修繕しようとやっきになるのです。

所詮、結婚なんて、ひとつの出来事を永遠に続かせようとするうまくいかない試みにすぎません。

結婚なんて、文明的であるかのように偽装された奴隷制度にすぎません。

134

初恋のように重大な生物学的現象を化学や物理学で説明できるはずないじゃありませんか。

わたしは今まで特定の国家や友人たち、さらには自分の家族にすら全面的に所属したことがありません。

それらのつながりにはいつもなんとなく無関心で、年月の経過とともに自分の世界に引きこもりたいという欲求が強くなってきました。

136

わたしは君の手紙を読んで自分の若いころのことを思い出した。

若者は心の中で自分を世の中と対立させる傾向がある。

自分をいろんなものと比較し、憂うつになったり自信を持ったりする。

若いときは、人生が永遠であり、自分の行動や思考がたいへん重要であると感じるものだ。


(別居後、妻に引き取られ、離れ離れになった息子ハンスへ)

137

点数のことはあまり心配しなくていい。
しっかり勉強して、留年しなくてもいいようにしなさい。
全教科で高得点をあげる必要はない。

（別居後、妻に引き取られ、離れ離れになった息子ハンスへ）

138

今、三通目の手紙を書いている。
これまで二度、手紙を書いたのに返事をくれなかったね。
お前は父さんのことを忘れてしまったのかい？
もう会えないのかい？

（別居後、妻に引き取られ、離れ離れになった息子ハンスへ）

ハンスはとても大切な年齢になっている。

わたしの影響は知性と美に限定するつもりだ。

息子には、考え、判断し、客観的に評価することを教えたい。

そのためには年に数週間は会う必要がある。

たった数日では短すぎて、大切なことを教えることなんてできやしない。

（夫と息子が頻繁に会うことで自分と息子の関係がくずれてしまうことを懸念している別居中の妻ミレーバに）

140

もしわたしが身だしなみに気を配るようになれば、それはもう本来のわたしではありません。

身だしなみなんて、わたしにはどうでもいいのです。

こんな男がいやなら、女性の目で見てもっと魅力的な男性を選んでください。

（将来の二番目の妻エルザ・レーベンタールへの手紙より）

一週間前、わたしの母はひどく苦しみながら死んでいきました。

わたしたちはみな、すっかり疲れ果てています。血のつながりの持つ意味をしみじみ感じます。

自分の母が苦しみながら死んでいくのを何もできずにじっと見ていることがどういうことか、わたしはよく知っています。

なぐさめを見いだすことはできません。

人生には重荷がついてまわるものであり、誰もがそういう重荷を背負って生きていかなければならないのです。

何年も前に撮った母と父の写真を見るのはなんて楽しいことでしょう。

写真の中の母と父は当時の面影をそのまま残しています。

しかし、生身の人間は生きているうちに完全に変わってしまいます。

わたしが「写真っていいな」とつくづく思うのは、そういうわけです。

VIII

自分について、そして再び、生き方について

143

わたしの人生はあまりにも単純で、誰の興味をひくようなものでもありません。

なぜ自分が相対性原理を構築する人物になったのだろうかと自問することがあります。

わたしの答えはこうです。

ふつうの大人は空間と時間の問題について考えるのをやめますが、わたしは知性の発達が遅かったので大きくなってようやくそういうことに疑問を持つようになったのです。

145

わたしは若いころ、世間から注目されずに職場の片隅で静かに研究に専念することを願っていました。

それがいったいどうしたことでしょうか。

わたしの現状をよく見てください。

146

人気のない本ばかり書いてきたわたしがこんなに人気者になるなんて、なんだか変だと思いませんか？

わたしは名声を得てどんどん馬鹿になりました。
もちろん、それはごく普通の現象ですけれど。
本当の自分と世間が思っている自分との間にはあまりにも大きな隔たりがあります。
しかし、そういうことは笑って受け入れなければなりません。

以前、わたしの何気ない発言が取り上げられて記録されることになるなんてことは思いもよりませんでした。そうでもしないかぎり、わたしは自分の世界にますます閉じこもっていたことでしょう。

149

わたしが権威を侮蔑していることを罰するために、運命はわたしを権威に仕立て上げたのです。

150

人々はわたしが役に立つかぎり、お世辞を言ってくれますが、意見が一致しなければ、とたんに手のひらを返し、自分たちの利益を守るためにわたしを痛烈に批判します。

賞賛を浴びて腐敗するのを回避する唯一の方法は、粛々と仕事を続けることです。

人間は立ち止まって賞賛に耳を傾けたくなるものですが、そんなものには惑わされずに仕事を続けることが大切です。

それ以上に大切なものはありません。

152

わたしはすべての人間関係が絶えず変わることを理解するようになり、熱しやすさと冷めやすさから身を遠ざけることを学びましたから、その温度のバランスはかなりうまく保たれています。

153

昨日は偶像のように扱われ、今日は憎まれてつばをかけられ、明日は忘れ去られ、明後日は聖人に格上げされる。

唯一の救いはユーモアであり、息をひきとるまでユーモアの精神を持ち続けたいものです。

154

他人のプライバシーに踏み込むのは無節操だと個人的には思っています。新聞がつまらないことではなく本当に重要なことにもっと注目すれば、世の中は確実によりよくなるはずです。

少年のころ父から小さな羅針盤を見せてもらったとき、わたしはたいへん感動し、それがわたしの人生に大きな影響を及ぼすことになりました。

—

156

人生をもう一度やり直せるなら、わたしは配管工になりたいと思っています。

157

二人の将来を次のように決めました。

わたしはすぐに職探しをするつもりです。

科学者としての目標と個人的な見栄はありますが、どんなにささやかな仕事でもかまいません。


（若き日のアインシュタインは就職難にあえいでいた。

将来の最初の妻ミレーバ・マリッチと結婚する2年前の手紙より）

幸せな人は現在について満足しきっていますから、未来のことはあまり考えないものです。

（17歳のときの作文より）

怒りは、愚か者の心の中にだけ存在するものです。

幼いころなかなか言葉を話せるようにならないので、両親がひどく心配して医者に相談したのは事実です。

実は、自分の年齢が言えるようになったのは三歳になってからです。

わたしは英語がうまく書けません。つづりがあまりにも不規則だからです。

もちろん読むくらいならできます。

とはいえ、頭の中で発音しながら続んでいるだけで、単語のつづりを覚えているわけではありません。

162

この世で最も理解しづらいのは所得税の仕組みです。

あなたの数学についての悩みはそれほど深刻ではありません。

なにしろ、わたしは数学についてもっと深刻な悩みを抱えているのですから。

わたしの特殊能力は、他の人の発見がどういう結果をもたらすかを想像できることです。

わたしは物事を幅広くとらえることが簡単にできますが、数学的計算は得意ではありません。

そうした細かいことは他の人のほうがうまくできます。

165

わたしは今、ドストエフスキーの『カラマーゾフの兄弟』を読んでいます。
こんなにすばらしい本を読むのははじめてです。

166

日本はすばらしかったです。
人々は絵のように美しい国に暮らしています。
上品なマナー、芸術的感性、誠実さ、良識。
どれをとっても最高でした。

（1922年の来日の際に）

167

モーツァルトの音楽はあまりにも純粋で美しく、まるで宇宙の内面の美しさを映し出しているようです。

わたしは、自分の想像力を存分に引き出す芸術家としての素養を十分に持っているつもりです。

即興で演奏するなら、バイオリンよりピアノのほうがはるかに適しています。
ですから、わたしはピアノを毎日弾いています。
年老いたわたしには、バイオリンの演奏は肉体的にかなりきついからでもあります。

自分について、そして再び、生き方について

—

170

わたしはバイオリンの演奏をやめました。
年を重ねるにつれて、自分の演奏を聞くに忍びなくなったからです。

（ベルギーのエリザベス王妃への手紙）

真理の探究は、それがどれほどささやかなものであろうと確固たる一歩を踏み出すことがいかに困難であるか、わたしは身にしみてわかっているつもりです。

172

わたしは日常生活ではひとりぼっちですが、真・善・美のために努力している人々のひとりであるという意識のおかげで孤立感を持たずにすんでいます。

173

わたしは直感とひらめきを信じています。
ときには自分が正しいと感じますが、本当にそうかはわかりません。

すばらしい知性と好ましくない人格がいっしょになると、気味の悪さを感じます。

175

わたしはもう頭脳集団の競争に参加する必要がありません。

わたしにとって、そういう競争は、奴隷のような状態で、お金や権力をめぐる争いと同じくらい邪悪です。

私利私欲に走ると、遅かれ早かれ、かならず失望することになります。

177

戦争と死刑についてわたしがどう考えるかですって?
死刑については簡単です。わたしがそれに反対するのは、わたしが
裁判官を信頼していないからにほかなりません。

178

深く探れば探るほど、知りたくなることが多くなります。
人間が存在するかぎり、それはつねにそうであり続けるとわたしは確信しています。

他人の喜びを楽しみ、他人とともに苦しむことが、人間にとっていちばんすばらしい生き方です。

180

神の前では人間は同じように賢く同じように愚かです。

181

わたしは自分の写真が大嫌いです。
わたしの顔をよく見てください。
口ひげがなければ、まるで女性のように見えるでしょう?

うまいジョークはあまり何度も繰り返すべきではありません。

自分について、そして再び、生き方について

183

わたしは自分の精神を分析してほしいとは思いません。
それは永遠の謎にしておきましょう。

184

わたしはいつも孤独を愛しています。
そしてその傾向は、年齢とともに強くなるいっぽうです。

185

わたしは医者に手伝ってもらわなくても死ぬことができます。

186

若いときは、すべての人と出来事が興味深く思えるものです。

しかし、年齢を重ねるにつれて、同じような出来事が繰り返し起こっていることに気づきます。

さらに年をとると、喜んだり驚いたりする機会も少なくなり、失望することも少なくなるものです。

失うものがほとんどない年配者は、若い人たちのかわりに堂々と発言すべきだと思います。

若い人たちには発言の機会があまり与えられていませんから。

187

全身の具合が悪く、まるでポンコツのクルマのようです。
しかし、まだ働けるかぎり、人生には意義があります。

老年にいたっても、人生にはたいへん美しい瞬間があります。

189

わたしは自分の晩年に満足しています。

ユーモアの精神を持ち続け、自分と相手をあまり真剣に受け取らないように心がけていますから。

これから死ぬまで、光とは何かについてじっくり考えようと思います。

アルバート・アインシュタインについて

1879年3月14日にドイツのウルムの自宅で生まれ、1955年4月18日に米ニュージャージー州のプリンストン病院で死去。死因は腹部動脈瘤破裂。享年76歳。

健康診断の結果
兵役不合格（1901年3月13日、21歳）
身長 171・5センチ
胸囲 87センチ
異常 静脈瘤、偏平足、足裏の過度の発汗

物理学の分野で偉大な業績をあげただけでなく、それによって得た世界的名声を背景に数々の政治的発言をし、科学者としての道義的・社会的責任を果たした。

第一次世界大戦中は徹底した平和主義を唱え、公然と戦争反対の立場を表明した。また、ユダヤ人としてシオニズム（ユダヤ人国家建設運動）を支援したことでも知られる。しかしその結果、ナチスに迫害されアメリカに亡命することになる。

第二次世界大戦後は国際連合に対し、湯川秀樹博士らとともに世界政府の樹立を呼びかけた。1952年、73歳のときに、建国3年目を迎えたイスラエル政府から第二代大統領に就任するよう要請されたが断っている。

研究には熱心だったが、私生活では面倒くさがりで、洗濯用石鹸で顔を洗い、雑巾で顔を拭き、灰皿に食事を盛りつけるなど、常識はずれの一面があった。ほとんどいつも髪の毛はくしゃくしゃで、足の裏からの過度の発汗のために靴下を履くのを嫌った。第二次世界大戦中、フランクリン・ルーズベルト大統領と会談するためにホワイトハウスを訪れたときも靴下を履いていなかったというエピソードが残っている。

アメリカに亡命後もドイツ語なまりがとれず、英語がなかなか上達しなかった。舌を出している有名な写真は、大学の講義で英単語のスペルミスを学生に指摘されたときに撮影されたものである。

卓越した業績をあげてからも、つねに謙虚で、ユーモアの精神を忘れなかった。科学者としてだけでなく一人の人間として世界中の人々から親しまれている理由は、このあたりにあるのだろう。

また、1922年（大正11年）10月8日に来日し、熱狂的歓迎を受けた。以来、大の親日家として知られる。ゆえに、のちに日本に原爆が投下されたと知ったときは、「もし私がヒロシマとナガサキのことを予見していたら、1905年に発見した公式を破棄していただろう」と言って嘆いたという。

結婚は2回。初婚は1903年1月、23歳のときで、相手は学生のときに知り合ったミレーバ・マリッチというハンガリー（のちにユーゴスラビア）出身の3歳年上のセルビア人女性。母親の猛烈な反対を押し切って結婚した（父親は前年に死去）。

二人の男の子に恵まれ、結婚生活はしばらくうまくいっていたが、しだいに夫婦仲が悪くなり、妻が二人の息子を引き取って別居するようになる。

1912年、すでに離婚していた4歳年上のいとこエルザ・レーベンタールと親密な仲になり、頻繁にラブレターを交換する。1919年2月にミレーバと正式に離婚し、同年6月、40歳のときにエルザと再婚。二人のあいだに子どもはできなかったが、1936年にエルザが死去するまで結婚生活は続いた。

この再婚にはこんなエピソードがある。エルザの二人の独身の娘のうち、アインシュタインは長女で自分の秘書のイルゼ（当時21歳）に求婚していた。しかし、イルゼはなかなか答えを出すことができなかった。母のエルザが先にアインシュタインから求婚されていたが、娘のためなら自分は身をひくつもりでいることを知っていたからだ。さらに、イルゼは20歳ほど年上のアインシュタインを父親のように慕いこそすれ、異性としての愛情を抱くことはできず、求婚を断った。その結果、翌年、アイシシュタインはエルザと再婚することになる。

アインシュタイシは新しい妻との結婚生活について、「前の妻は科学が理解できたが、今度の妻は科学が理解できないので助かる」と語っている。二番目の妻が死去したあとは、ジョハンナ・ファントーバという女性と交際していた。

動物好きで、米国へ移住後はチコという名の犬、タイガーという名のネコ、さらに晩年にはビボという名のオウムを飼っていた。趣味は読書、パズル（世界中から収集していた）、ヨット（晩年、ジョハンナとヨットの上でデートをしている写真が残っている）、手紙を書くこと（有名になってからも公私にわたり1万通以上書いている）、バイオリンの演奏（合奏で拍子のとり方をよく間違えた）、ピアノの演奏（独奏と即興に適していると語っている）、音楽鑑賞（とくにモーツァルト、バッハ、シューベルトを好んだ）。

最も愛読した小説はドストエフスキーの『カラマーゾフの兄弟』。そのほか、トルストイ、ゲーテ、ロマン・ロラン、バーナード・ショーなど。尊敬する同時代の人物は、マハトマ・ガンジー、ウッドロー・ウィルソン、フランクリン・ルーズベルト、バートランド・ラッセル、キュリー夫人、シュバイツァー、チャップリン、フロイトなど。

食生活は菜食主義の傾向があった。睡眠時間は1日に10時間以上と、寝るのがたいへん好きだったらしい。

アインシュタインの言葉　エッセンシャル版

発行日　2015年11月20日　第1刷

Translator　弓場隆
Book Designer　カバー　廣田敬一（ニュートラルデザイン）
本文　山田知子（chichols）

Publication　株式会社ディスカヴァー・トゥエンティワン
〒102-0093 東京都千代田区平河町2-16-1
平河町森タワー11F
TEL 03-3237-8321（代表）
FAX 03-3237-8323
http://www.d21.co.jp

Publisher　干場弓子
Editor　藤田浩芳　大山聡子

Proofreader + DTP　朝日メディアインターナショナル株式会社
Printing　日経印刷株式会社